SingLiesel

MIX
Papier aus verantwortungsvollen Quellen
FSC® C014138
www.fsc.org

Impressum:

Druck: FINIDR, Czech Republic

Satz und Umschlaggestaltung: Röser MEDIA GmbH & Co. KG, Karlsruhe

Bildnachweise: Shutterstock.com

ISBN 978-3-944360-37-9

3. Auflage

www.singliesel.de

Hinweis:

Alle Übungsvorschläge in diesem Buch sind aus der Praxis heraus entstanden und vielfach erprobt. Bitte vergessen Sie aber nicht, dass jeder Mensch, mit dem Sie als Übungsleiter oder Übungsleiterin Gedächtnistraining machen, seine spezielle Tagesform und seine einzigartige Biografie mitbringt, die Sie dabei vielleicht berücksichtigen müssen. Nicht jede Übung passt für jeden. Die Autorin und der Verlag haften nicht für etwaige Personen- oder Sachschäden.

Natali Mallek

Sommer

Gedächtnistraining für jede Jahreszeit

Mit Kopiervorlagen

Inhalt

Einführung

Gedächtnistraining macht Spaß, vertreibt die Zeit und bringt die grauen Zellen in Schwung. Es ist ein schöner Bestandteil der Seniorenarbeit und wird, besonders in Einrichtungen der Altenhilfe, gerne angenommen. In der Praxis fehlt häufig die Zeit, ein Gedächtnistraining vorzubereiten. Deswegen haben wir die Praxishefte entwickelt. Ein besonderes Augenmerk haben wir darauf gelegt, dass kein zusätzliches Material benötigt wird.

Das Einzige, was Sie vor dem Einsatz der Übungsstunden in diesen jahreszeitlichen Heften machen müssen, ist, die Arbeitsblätter und evtl. Liedblätter kopieren: Dann kann es losgehen.

Aufbau der Übungsstunden

Am Anfang und am Ende der Übungsstunden finden Sie jeweils ein Element, das zur Entspannung der Teilnehmenden beitragen soll. Ein zum Thema passendes Lied führt in die Übungsstunde hinein, durch Anstimmen wird eingestimmt. Am Ende jeder Stunde werden die Teilnehmer mit einer kleinen Geschichte in den Alltag entlassen.

Die Schwierigkeit der Übungen variiert. Jede Übung kann zusätzlich an die Leistungsfähigkeit der eigenen Gruppe angepasst werden – geeignete Tipps und Anregungen dazu finden Sie in der jeweiligen Übungsbeschreibung.

Jede der Übungsstunden beinhaltet zwei Arbeitsblätter. Erfahrungsgemäß haben die Teilnehmer an Gedächtnistrainingsrunden für Senioren sehr unterschiedliche Ressourcen und Möglichkeiten. Entscheiden Sie selbst, ob die Arbeitsblätter in Einzelarbeit oder gemeinsam gelöst werden. Stellen Sie dabei sicher, dass die Teilnehmenden nicht überfordert werden, vermeiden Sie aber auch eine Unterforderung, soweit es möglich ist.

Auch Bewegung ist ein wichtiger Bestandteil des Gedächtnistrainings. Eine Übung mit kleineren integrierten Bewegungen ist Bestandteil jeder Übungsstunde.

Die Gruppenzusammensetzung

An dieser Stelle würde ich Ihnen gerne empfehlen, das Gedächtnistraining mit sechs leistungsgleichen Teilnehmern durchzuführen. Ich komme allerdings aus der Praxis und bin mir bewusst, dass diese Zusammensetzung eine Utopie ist. Versuchen Sie also, diesem Ideal so nah wie möglich zu kommen, machen Sie sich aber keine allzu große Sorgen, wenn Sie es nicht schaffen. Sie kennen Ihre Teilnehmer, beobachten Sie sie also bitte genau: Fühlen die Anwesenden sich wohl? Haben die Anwesenden Spaß? Haben die Teilnehmer noch Erfolgserlebnisse bei der Umsetzung der Übungen? Wenn ja, ist es eine gelungene Gruppenzusammensetzung.

Das Übungssetting

Die Senioren sitzen bei dem Gedächtnistraining an Tischen. Ideal ist es, wenn die Teilnehmer einander ansehen können: Das fördert die Kommunikation bei und zwischen den Übungen. Denken Sie daran, dass die Schulzeit lange vorbei ist. Abschreiben, schummeln und tuscheln ist erlaubt und trainiert soziale Kompetenzen – das können Sie auch gerne immer wieder betonen!

Sorgen Sie, soweit wie möglich, dafür, dass die Runde nicht von Außenstehenden unterbrochen wird. Eine ruhige Umgebung ohne Störfaktoren unterstützt die Konzentrationsfähigkeit. Achten Sie darauf, dass die Teilnehmer, die eine Brille oder ein Hörgerät brauchen, diese auch dabei haben.

Durchführung der Übungsstunden

Die Übungen sind so ausgewählt, dass die Übungsstunden in ungefähr 45 Minuten durchgeführt werden können. Falls Sie nicht alle Übungen in der veranschlagten Zeit schaffen, lassen Sie einfach einen Teil weg. Eine angenehme Atmosphäre ist das Einzige was „geschafft“ werden muss, ob eine Übung mehr oder weniger „geschafft“ wird, ist hingegen belanglos. Zeitdruck und Leistungsgedanken sind hinderlich, nur in einer lockeren Stimmung kann das Gehirn seine Fähigkeiten optimal entfalten. Eine wunderbare Möglichkeit, die Atmosphäre angenehm zu gestalten, ist die Integration biografischer Gespräche in die Übungsstunden. Passende Voraussetzungen dafür haben wir geschaffen: Die Übungsstunden orientieren sich an den biografischen Erfahrungen von

Senioren. Zu jedem der Themen kann man zwischen den Übungen ein paar biografische Fragen stellen. Hier einige Beispiele:

- Haben Sie auch einmal etwas Ähnliches erlebt?
- Kennen Sie diese Dinge von früher?
- Wie sind Sie mit solchen Situationen umgegangen?
- Können Sie beschreiben, wie sich das für Sie angefühlt hat?
- Fällt Ihnen noch etwas anderes zu dem Thema ein?

Ergänzende Hinweise für die Arbeit mit Menschen mit Demenz

Wir haben die Übungen so gestaltet, dass auch viele Menschen mit beginnender Demenz noch davon profitieren können. Die Übungen sind themenorientiert. Dies fördert die Konzentration und das Interesse der Teilnehmer. Der immer gleiche Aufbau der Übungsstunden wird geprägt durch Rituale, wie das Lied zum Anfang und die Geschichte zum Ende der Stunde. Rituale erleichtern Menschen mit Demenz das Wiedererkennen des Angebots und die zeitliche Orientierung.

Sollten Sie zum Thema passende Anschauungsobjekte zur Verfügung haben, integrieren Sie diese in das Angebot. Dinge anfassen, riechen und schmecken zu können und dadurch mehr Sinne in das Training zu integrieren, hat viele Vorteile.

Besonders, wenn auch Menschen mit beginnender Demenz an den Übungsstunden teilnehmen, ist es wichtig, auf die individuellen Bedürfnisse der Teilnehmer einzugehen. Sie kennen Ihre Teilnehmer am besten! Passen Sie die Übungen also an und wählen Sie aus. Achten Sie darauf, dass kein Teilnehmer sich bloßgestellt fühlt und dass für jeden Anwesenden Erfolgserlebnisse möglich sind. Sollte für einen Menschen mit Demenz kein Erfolgserlebnis mehr möglich sein, ist diese Form des Gedächtnistrainings kein geeignetes Angebot mehr.

Gemeinsam singen:
„Geh aus, mein Herz, und suche Freud“

Das wird trainiert:	*musikalisches Gedächtnis, Entspannung, Wissen*
Das wird benötigt:	*auf Wunsch Liedzettel*
Das ist vorzubereiten:	*ggf. Liedtexts in ausreichender Anzahl kopieren*

So geht's:

Singen Sie gemeinsam das Lied „Geh aus, mein Herz, und suche Freud“.

Kopiervorlage

Geh aus, mein Herz, und suche Freud

1. Geh aus, mein Herz, und suche Freud
in dieser lieben Sommerszeit
an deines Gottes Gaben.
Schau an der schönen Gärten Zier,
und siehe, wie sie mir und dir
sich ausgeschmücket haben.

2. Die Bäume stehen voller Laub,
das Erdreich decket seinen Staub
mit einem grünen Kleide.
Narzissus und die Tulipan,
die ziehen sich viel schöner an
als Salomonis Seide.

3. Die Lerche schwingt sich in die Luft,
das Täublein fliegt aus seiner Kluft
und macht sich in die Wälder.
Die hochbegabte Nachtigall
ergötzt und füllt mit ihrem Schall
Berg, Hügel, Tal und Felder.

4. Ich selber kann und mag nicht ruhn,
des großen Gottes großes Tun
erweckt mir alle Sinnen,
ich singe mit, wenn alles singt,
und lasse, was dem Höchsten klingt,
aus meinem Herzen rinnen.

Sammlung:
Blumenfarben

Das wird trainiert: *Assoziieren, Worte finden, Wissen*
Das wird benötigt: *Flipchart, Tafel oder Zettel; Stift oder Kreide*

So geht's:

Die Übungsleitung nennt jeweils eine Farbe, und die Teilnehmer nennen eine Blumenart, die in dieser Farbe blüht.

Es darf bei zwei Farben nicht dieselbe Blumenart genannt werden. (Rosen dürfen zum Beispiel nicht bei *weiß, rot, rosa* und *gelb* stehen, sondern nur bei einer dieser Farben).

Die genannten Blumenarten werden auf Flipchart, Tafel oder Zettel für alle sichtbar notiert.

Lösungsvorschläge:

Farbe	**Blumenart**
rot	Mohn
rosa	Rose
blau	Kornblume
gelb	Sonnenblume
weiß	Kamille
lila	Lavendel

Arbeitsblatt:

Blumen, Blumen, Blumen

Das wird trainiert:	*Konzentration, Wissen*
Das wird benötigt:	*Kopien des Arbeitsblatts, ein Stift für jeden Teilnehmer*
Das ist vorzubereiten:	*Arbeitsblatt in ausreichender Anzahl kopieren*

So geht's:

Die Übungsleitung verteilt die Arbeitsblätter und die Stifte und bittet die Teilnehmer, die Aufgabe zu lösen. Die Lösungen werden anschließend vorgelesen und gemeinsam besprochen.

In Gruppen mit ungeübten Teilnehmern werden die Lösungen gemeinsam in der Gruppe gesucht.

Lösungen von oben nach unten:

Dahlie, Stockrose, Rittersporn, Kornblume, Kamille, Schafgarbe

Kopiervorlage

Welcher Blumenname gehört zu welchem Bild? – Verbinden Sie beides mit einer Linie.

	Kornblume
	Rittersporn
	Dahlie
	Schafgarbe
	Stockrose
	Kamille

Rückwärts buchstabieren

Das wird trainiert:	*Konzentration, Wissen*
Das wird benötigt:	*Kopien des Arbeitsblatts, ein Stift für jeden Teilnehmer*
Das ist vorzubereiten:	*Arbeitsblatt in ausreichender Anzahl kopieren*

So geht's:

Die Übungsleitung nennt jedem Teilnehmer reihum einen der folgenden Blumennamen. Der Teilnehmer versucht, das Wort rückwärts zu buchstabieren.

In Gruppen mit weniger geübten Teilnehmern, können die Wörter vorwärts buchstabiert werden.

1. Nelke
2. Lavendel
3. Mohn
4. Dahlie
5. Nachtkerze
6. Klee
7. Wicke
8. Kornblume
9. Malve
10. Rose

Bewegung:

Verknüpfung mit Wörtern

Das wird trainiert: **Bewegung, Worte finden, Konzentration, Koordination**

So geht's:

Mit fitten Teilnehmenden kann diese Übung im Stehen durchgeführt werden. Sie eignet sich auch zur Durchführung im Sitzen. Bei der Kombination von Bewegung und Sprache ist die Koordination der Teilnehmer gefragt.

Der Satz „Blumen blühen schön" wird immer wieder laut gesprochen , und passend dazu werden die folgenden Bewegungen ausgeführt:

Blumen → einen Kreis in die Luft malen

blühen → die Arme nach oben strecken und öffnen

schön → 1x schnipsen

Wenn die Teilnehmer sich den Satz gemerkt haben, wird die Reihenfolge der Wörter geändert:

Blühen Blumen schön?

Schön blühen Blumen!

Die verschiedenen Sätze werden im Wechsel vorgesprochen. Die Teilnehmer versuchen, immer die richtigen Bewegungen dazu zu machen. Die Schnelligkeit kann gesteigert werden.

Arbeitsblatt:

Schüttelsätze

Das wird trainiert:	***Konzentration, Wissen***
Das wird benötigt:	***Kopien des Arbeitsblatts, ein Stift für jeden Teilnehmer***
Das ist vorzubereiten:	***Arbeitsblatt in ausreichender Anzahl kopieren***

So geht's:

Die Übungsleitung verteilt die Arbeitsblätter und die Stifte und bittet die Teilnehmer, die Aufgabe zu lösen. Die Lösungen werden anschließend vorgelesen und gemeinsam besprochen.

In Gruppen mit ungeübten Teilnehmern werden die Lösungen gemeinsam in der Gruppe besprochen. Die Teilnehmenden können die Lösungen aufschreiben, wenn sie möchten.

Lösungsmöglichkeiten (andere Varianten sind möglich):

Die Klatschmohnwiese lockt Insekten.

Der Bräutigam trägt eine Rose als Ansteckblume.

Die Kornblumen blühen blau.

Der Schmetterling mag den Lavendel.

Die Vögel fliegen zu den Sonnenblumen.

Kopiervorlage

Hier wurden die Wörter durcheinandergewürfelt.

Bringen Sie die Wörter in eine sinnvolle Reihenfolge!

Insekten Die lockt Klatschmohnwiese

___

Bräutigam Rose trägt eine Der Ansteckblume als

___

blühen Kornblumen Die blau

___

mag Der Schmetterling Lavendel den

___

den Die fliegen Sonnenblumen Vögel zu

___

Schätzen:

Wie viele Sonnenblumen blühen hier?

Das wird trainiert: **Urteilen, Wissen, Konzentration**

So geht's:

Die Übungsleitung hält das Bild von den Sonnenblumen kurz zum Anschauen hoch und dreht es dann um. Sie bittet die Teilnehmer zu schätzen, wie viele Sonnenblumen ganz oder teilweise auf dem Bild zu sehen sind.

Im Anschluss darf einer der Teilnehmer nachzählen.

Lösung:

28

Geschichte:

Wie der Mohn auf der Wiese

Das wird trainiert: **Entspannung**

So geht's:

Die Übungsleitung liest die Geschichte langsam vor.

Wie der Mohn auf der Wiese

Hannelore war nervös. In drei Wochen sollte es so weit sein. Sie würde heiraten. Ihren Hans. Endlich! Sie hatte schon geglaubt, dass sie niemals unter die Haube kommen würde.

Nur ein Kleid fehlte ihr noch. Natürlich würde sie in ihrem Alter kein klassisches Brautkleid mehr wählen. In weißem Tüll würde sie sich eher lächerlich als prinzessinenhaft vorkommen. Die Zeiten waren vorbei. – Aber was für ein Kleid sollte es dann werden?

Mit dem Pfarrer war abgesprochen, dass die Trauung auf der Wiese neben dem Gemeindehaus stattfinden würde. Eine Hochzeit unter freiem Himmel. Ein alter Kindheitstraum von Hannelore. Ein wenig verwildert war die Wiese, aber das machte sie umso romantischer.

Zwischen dem Gras wucherten wilde Blumen, und besonders der Klatschmohn strahlte in seinem Rot, der Farbe der Liebe.

Das war es! Rot! Rot sollte das Brautkleid werden. Rot wie der Klatschmohn auf der Wiese. Rot wie die Liebe. Hoffentlich würde sie ein solches Kleid finden.

Ein paar Tage später zog sie mit ihrer Freundin Erika los, um ein Kleid auszusuchen. Erika war nicht so begeistert von der Idee eines roten Kleides. „Bist du dir wirklich sicher? Rot? So auffällig?“

Aber Hannelore lachte nur darüber. „Wenn ich an meiner Hochzeit nicht auffällig sein darf, wann dann?“ Und so kauften sie ein wunderschönes rotes Kleid.

Am Tag der Hochzeit strahlte die Sonne wie bestellt. Die Mohnblumen blühten um die Wette, so als ob jede die schönste sein wollte. Dazwischen stand Hannelore mit ihrem mohnblumenroten Kleid und verströmte pure Glückseligkeit. „Ich habe noch nie so eine schöne Braut gesehen“, musste da auch Erika zugeben.

Und Hans? Der sagte gar nichts. Aber die Tränen in seinen Augen sprachen Bände.

Gemeinsam singen:
„Summ, summ, summ, Bienchen, summ herum"

Das wird trainiert: musikalisches Gedächtnis, Entspannung, Wissen
Das wird benötigt: auf Wunsch Liedzettel
Das ist vorzubereiten: ggf. Liedtext in ausreichender Anzahl kopieren

So geht's:

Singen Sie gemeinsam das Lied „Summ, summ, summ, Bienchen, summ herum".

Kopiervorlage

Summm, summm, summm, Bienchen, summm herum

Summm, summm, summm! Bienchen, summm herum!
Ei, wir tun dir nichts zuleide,
flieg nur aus in Wald und Heide!
Summm, summm, summm! Bienchen, summm herum!

Summm, summm, summm! Bienchen, summm herum!
Such in Blumen, such in Blümchen
dir ein Tröpfchen, dir ein Krümchen!
Summm, summm, summm! Bienchen, summm herum!

Summm, summm, summm! Bienchen, summm herum!
Kehre heim mit reicher Habe,
bau uns manche volle Wabe!
Summm, summm, summm! Bienchen, summm herum!

Sammlung:

Wörter im Bienenstock

Das wird trainiert:	**Assoziieren, Worte finden, Wissen**
Das wird benötigt:	**Flipchart, Tafel oder Zettel; Stift oder Kreide**

So geht's:

Die Übungsleitung schreibt das Wort „BIENENSTOCK" groß auf Flip-Chart, Tafel oder Zettel. Die Teilnehmer versuchen, mit den Buchstaben des Wortes „Bienenstock" so viele neue Wörter zu bilden wie möglich. Die gefundenen Wörter werden ebenfalls auf Flipchart, Tafel oder Zettel notiert.

Lösungsvorschläge:

Bienen, Stock, Ei, Eis, einen, nein, in, kein, Stein, Bein, sein, nie, Bock, Binse, Senke, Tee, Nest, bis, bist

Arbeitsblatt:
Lücken füllen

Das wird trainiert: Konzentration, Wortfindung
Das wird benötigt: Kopien von Arbeitsblatt A oder B, ein Stift für jeden Teilnehmer
Das ist vorzubereiten: Arbeitsblatt A oder B in ausreichender Anzahl kopieren

So geht's:

Mit geübteren Gruppen verwenden Sie die schwierigere Version A des Arbeitsblatts (siehe Seite 29). Die Übungsleitung verteilt die Arbeitsblätter und die Stifte und bittet die Teilnehmer, die Aufgabe zu lösen. Die Lösungen werden anschließend vorgelesen und gemeinsam besprochen.

Für Gruppen mit ungeübten Teilnehmern wählen Sie die leichte Version B des Arbeitblatts (siehe Seite 30) Die Lösungen werden gemeinsam in der Gruppe besprochen und auf Wunsch aufgeschrieben.

Lösung A:

In den Blüten ist süßer Nektar. Die Bienen sammeln den Nektar bis zum Anfang des Sommers. Aus dem Nektar stellen die Bienen süßen Honig her. Der Honig ist im Juni erntereif. Um den Honig zu gewinnen, muss der Honig geschleudert werden. Nach dem Abfüllen klebt der Imker Etiketten auf die Honiggläser.

Lösung B:

In den Blüten ist süßer Nektar. Die Bienen sammeln den Nektar bis zum Anfang des Sommers. Aus dem Nektar stellen die Bienen süßen Honig her.

Kopiervorlage

A. Setzen Sie die folgenden Wörter sinnvoll in die Lücken ein:

aus • in • bis • auf • im • um • nach • zu

________________ den Blüten ist süßer Nektar. Die Bienen sammeln den Nektar ________________ zum Anfang des Sommers. ________________ dem Nektar stellen die Bienen süßen Honig her. Der Honig ist ________________ Juni erntereif. ________________ den Honig ________________ gewinnen, muss der Honig geschleudert werden. ________________ dem Abfüllen klebt der Imker Etiketten ________________ die Honiggläser.

Kopiervorlage

B. Setzen Sie die folgenden Wörter sinnvoll in die Lücken ein:

aus • in • bis

____________________ den Blüten ist süßer Nektar. Die Bienen sammeln den Nektar ____________________ zum Anfang des Sommers. ____________________ dem Nektar stellen die Bienen süßen Honig her.

Notizen

Namen finden:
Delikatessen mit Honig

Das wird trainiert: Fantasie, Worte finden, Assoziieren

So geht's:

Die Übungsleitung stellt den Teilnehmern folgende Aufgabe:

Kuno ist Imker und liebt seine Bienen und ihren Honig über alles. Um noch mehr Menschen von Bienen zu begeistern und noch mehr Kunden zu gewinnen, hat er sich ein paar neue Produkte mit Honig ausgedacht. Er weiß nur noch nicht, wie er die Produkte nennen kann. Können Sie ihm helfen?

Brotaufstrich:

Purer Honig auf dem Brot – das ist für Kuno durch nichts zu überbieten. Außer von seinem neu erfundenen Brotaufstrich. Für diesen hat er Mandelmus mit feinstem Blütenhonig vermischt. Eine wirkliche Bereicherung für den Frühstückstisch.

Wie könnte Kuno den Brotaufstrich nennen?

Lippenbalsam:

Früher hatte Kuno im Winter immer trockene Lippen. Diese Zeiten sind dank seinem neuen Lippenbalsam vorbei. Der Hauptbestandteil des Lippenbalsams ist selbstverständlich Honig. Da kann es schon mal passieren, dass man sich über die Lippen leckt.

Wie könnte der Lippenbalsam heißen?

Wein:

Jeder Imker hat Met, also Honigwein, im Angebot. Kuno auch. Neu ist seine Mischung aus Honig- und Johannisbeerwein. – Nicht nur neu, sondern auch traumhaft köstlich.

Fällt Ihnen ein Name für den Wein ein?

Lutscher:

Kuno möchte auch Kinder von Bienen und ihren Produkten überzeugen. Deswegen hat er jetzt kleine Honig-Lutscher in sein Sortiment aufgenommen. Jeder Lutscher hat die Form einer Wabe.

Wie könnten die Lutscher heißen?

Bewegung:

Bienen-Kette

Das wird trainiert: **Bewegung, Konzentration**

So geht's:

Die Übungsleitung stellt jeweils eine Bewegung für unterschiedliche Wörter rund um das Thema Bienen und Honig vor.

Imker: Fiktiven Imkerhut und fiktive Imkerhandschuhe anziehen.

Biene: Mit dem Kopf und den Augen einer imaginären Biene in der Luft folgen.

Bienenstock: Den Umriss eines Bienenstocks in die Luft malen.

Bienenstich: Die Hand so schütteln, als ob sie weh täte.

Honigbrot: Ein fiktives Honigbrot schmieren und hineinbeißen.

Reihum darf sich jeder Teilnehmer eine dieser Bewegungen aussuchen. Die Gruppe führt die gewählte Bewegung gemeinsam durch. Die zuvor gewählten Bewegungen werden – wie bei dem Spiel „Ich packe meinen Koffer" – dem neuen Wunsch vorangestellt.

Beispiel:

Der erste Teilnehmer wählt: Biene. Die Teilnehmer machen die Bienen-Bewegung.

Der zweite Teilnehmer wählt: Imker. Die Teilnehmer machen die Bienen-Bewegung und dann die Imker-Bewegung.

Der dritte Teilnehmer wählt: Honigbrot. Die Teilnehmer machen die Bienen-Bewegung, dann die Imker-Bewegung, dann die Honigbrot-Bewegung.

In Gruppen mit geübten Teilnehmern können die Senioren sich auch selbst passende Bewegungen zum Thema Bienen ausdenken.

Arbeitsblatt:

Was reimt sich auf „Biene"?

Das wird trainiert:	**Konzentration, Wissen**
Das wird benötigt:	**Kopien des Arbeitsblatts, ein Stift für jeden Teilnehmer**
Das ist vorzubereiten:	**Arbeitsblatt in ausreichender Anzahl kopieren**

So geht's:

Die Übungsleitung verteilt die Arbeitsblätter und die Stifte und bittet die Teilnehmer, die Aufgabe zu lösen. Die Lösungen werden anschließend vorgelesen und gemeinsam besprochen.

In Gruppen mit ungeübten Teilnehmern werden die Lösungen gemeinsam in der Gruppe gesucht und auf Wunsch aufgeschrieben.

Lösungen von oben nach unten:

Schiene

Mine

Mandarine

Lawine

Rosine

Kopiervorlage

Welches Wort ist hier gesucht?– TIPP: Jedes Wort reimt sich auf „Biene“.

Wortreihe:

Domino-Effekt

Das wird trainiert: Struktur und Zusammenhang, Wissen, Konzentration, Wortfindung
Das wird benötigt: Kopien der Wortkarten
Das ist vorzubereiten: die Wortkarten kopieren und ausschneiden, für den mehrfachen Gebrauch evtl. laminieren

So geht's:

Die Wortkarten werden gemischt und auf dem Tisch verteilt. Die Teilnehmenden versuchen, die Wörter so aneinanderzulegen, dass jedes Wort zusammen mit dem davor und dem dahinter jeweils ein zusammengesetztes Wort ergibt. Das erste (und das letzte) Wort ist „Bienen". – Es darf gerne diskutiert werden!

Lösung (andere Versionen sind möglich):

Bienenstock – Stockbrot – Brotdosen – Dosenbier – Bierflaschen – Flaschenhals – Halsketten – Kettensäge – Sägeblatt – Blattgold – Goldschatz – Schatzinsel – Inselparadies – Paradiesapfel – Apfelblüten – Blütenhonig – Honigbienen

Kopiervorlage

Bienen	Stock
Brot	Dosen
Bier	Flaschen
Hals	Ketten
Säge	Blatt
Gold	Schatz
Insel	Paradies
Apfel	Blüten
Honig	Bienen

Geschichte:

Bienenstich

Das wird trainiert: **Entspannung**

So geht's:

Die Übungsleitung liest die Geschichte langsam vor.

Bienenstich

Jana wartet auf ihre Kinder. „Los, Lena“, ruft sie „komm, es gibt Bienenstich bei der Oma!“

Lena kommt angelaufen und fängt an, sich die Schuhe anzuziehen.

„Lars, wo bleibst du? Wir wollen zu Oma!“

Der dreijährige Lars lässt auf sich warten. Genervt geht Jana zu ihm ins Zimmer. „Ich will nicht zur Oma!“, schallt es ihr da entgegen.

„Warum willst du denn nicht zur Oma? Du bist doch sonst immer so gerne bei ihr.“

Lars schmollt und guckt auf den Boden. „Ich will nicht zur Oma!“ Er bleibt dabei. Jana runzelt die Stirn. Was hat der kleine Lars denn bloß? Langsam wird auch die große Schwester Lena ungeduldig. Mit Schuhen und Jacke kommt sie in Lars' Zimmer gelaufen „Wo bleibt ihr denn?“, fragt sie. „Ich will endlich zur Oma!“

„Ich geh nicht zur Oma. Aua!“, betont Lars abermals.

„Aua?“, fragt Jana alarmiert „Hast du dir wehgetan?“

„Nein, bei der Oma ist Aua!“

„Bei Oma ist Aua?“ Jana versteht nicht, was Lars hat. Hatte Lars sich beim letzten Besuch bei der Oma wehgetan? Sie kann sich an nichts erinnern. „Wo ist denn das Aua?“, versucht sie es noch einmal.

Lars schaut sie mit tränengefüllten Augen an. „Bienen-Aua!“

„Wo sind Bienen?“ Jana gibt sich Mühe, dem Dreijährigen zu folgen.

Plötzlich fängt Lena an zu lachen. Jana schaut sie böse an. „Warum lachst du denn jetzt?“

Lena prustet richtig los. „Na, du hast doch gesagt, es gibt Bienenstich bei der Oma. Ein Bienenstich ist aua, das weiß Lars noch von dem Bienenstich im Freibad!“

Lars nickt, und die Tränen kullern an seinen Wangen herunter. Jetzt muss auch Jana ein bisschen lachen. „Nein, heute wird keiner gepiekt, Lars. Der Bienenstich bei der Oma ist ein Kuchen mit Mandeln und Pudding. Den magst du gerne!“

„Kuchen?“, fragt Lars und wischt sich mit dem Handrücken die Tränen aus dem Gesicht. Schnell tappt er in den Flur und fängt an, sich die Schuhe anzuziehen.

Gemeinsam singen:
„Jetzt fahrn wir übern See"

Das wird trainiert:	***musikalisches Gedächtnis, Entspannung, Wissen***
Das wird benötigt:	***auf Wunsch Liedzettel***
Das ist vorzubereiten:	***ggf. Liedtext in ausreichender Anzahl kopieren***

So geht's:

Singen Sie gemeinsam das Lied „Jetzt fahrn wir übern See".

Kopiervorlage

Jetzt fahrn wir übern See

1. Jetzt fahrn wir übern See, übern See, jetzt fahrn wir übern –

Jetzt fahrn wir übern See, übern See, jetzt fahrn wir übern See,
mit einer hölzern Wurzel, Wurzel, Wurzel, Wurzel,
mit einer hölzern Wurzel, kein Ruder war nicht –

mit einer hölzern Wurzel, Wurzel, Wurzel, Wurzel,

mit einer hölzern Wurzel, kein Ruder war nicht dran.

2. Und als wir drüber warn, drüber warn, und als wir drüber –

Und als wir drüber warn, drüber warn, und als wir drüber warn,
da sangen alle Vöglein, Vöglein, Vöglein, Vöglein,
da sangen alle Vöglein, der helle Tag brach –

da sangen alle Vöglein, Vöglein, Vöglein, Vöglein,
da sangen alle Vöglein, der helle Tag brach an.

3. Der Jäger blies ins Horn, blies ins Horn, der Jäger blies ins –

Der Jäger blies ins Horn, blies ins Horn, der Jäger blies ins Horn.
Da bliesen alle Jäger, Jäger, Jäger, Jäger,
da bliesen alle Jäger, ein jeder in sein –

Da bliesen alle Jäger, Jäger, Jäger, Jäger,
da bliesen alle Jäger, ein jeder in sein Horn.

4. Das Liedlein, das ist aus, das ist aus, das Liedlein, das ist –

Das Liedlein, das ist aus, das ist aus, das Liedlein, das ist aus.
Und wer das Lied nicht singen kann, singen, singen, singen kann,
und wer das Lied nicht singen kann, der fang's von vorne –

Und wer das Lied nicht singen kann, singen, singen, singen kann,
und wer das Lied nicht singen kann, der fang's von vorne an.

Sammlung:
Wörter mit „Wasser“

Das wird trainiert: *Assoziieren, Worte finden, Wissen*
Das wird benötigt: *Flipchart, Tafel oder Zettel; Stift oder Kreide*

So geht's:

Die Übungsleitung sammelt gemeinsam mit den Senioren Wörter, die das Wort „Wasser“ enthalten. Die Übungsleitung notiert die Wörter auf Flipchart, Tafel oder Zettel.

Lösungsvorschläge:

Meerwasser, Wasserhahn, Wasserflasche, Wasserglas, Brackwasser, Regenwasser, Mineralwasser, Leitungswasser, Badewasser, Spülwasser, Kochwasser, Wasserfall, Wasservorrat, Schmutzwasser, Tauwasser

Arbeitsblatt:
Wasser überall

Das wird trainiert:	**Konzentration, Wissen**
Das wird benötigt:	**Kopien des Arbeitsblatts, ein Stift für jeden Teilnehmer**
Das ist vorzubereiten:	**Arbeitsblatt in ausreichender Anzahl kopieren**

So geht's:

Die Übungsleitung verteilt die Arbeitsblätter und die Stifte und bittet die Teilnehmer, die Aufgabe zu lösen. Die Lösungen werden anschließend gemeinsam besprochen.

In Gruppen mit ungeübten Teilnehmern werden die Lösungen gemeinsam in der Gruppe gesucht. Wer möchte, kann sie anschließend in die freien Kästchen schreiben.

Lösungen von oben nach unten:

Meer

Pfütze

Schwimmbad

Bach

Kanal

Teich

Kopiervorlage

Was ist auf dem Bild zu sehen?- Worin befindet sich das Wasser?

Sprichwörter und Redensarten:

Alles verdreht

Das wird trainiert: **Konzentration, Wissen, Worte finden**

So geht's:

Die Übungsleitung liest die verfremdeten Sprichwörter und Redewendungen vor. Die Teilnehmer sagen, wie sie richtig lauten.

1. Mit allen Seifen gewaschen sein. →
   Mit allen Wassern gewaschen sein.

2. Über den Rhein gehen. →
   Über den Jordan gehen.

3. Laute Lüfte sind tief. →
   Stille Wasser sind tief.

4. Wie ein Schluck Bier in der Kurve. →
   Wie ein Schluck Wasser in der Kurve.

5. Wie Eis und Feuer sein. →
   Wie Feuer und Wasser sein.

6. Jemandem nicht das Wasser wegnehmen können. →
   Jemandem nicht das Wasser reichen können.

7. Nah am Wasser gestellt sein. →
   Nah am Wasser gebaut sein.

8. Jemanden in das warme Wasser schubsen. →
   Jemanden in das kalte Wasser schmeißen.

9. Sich wie ein Pinguin im Eis fühlen. →
   Sich wie ein Fisch im Wasser fühlen.

10. Bier predigen und Schnaps trinken. →
    Wasser predigen und Wein trinken.

11. Wir wischen alle nur mit Wasser. →
    Wir kochen alle nur mit Wasser.

Bewegung:

Jetzt heben wir unsere Beine – ein Bewegungslied

Das wird trainiert:	**Bewegung, Konzentration**
Das wird benötigt:	**ggf. Liedblätter**
Das ist vorzubereiten:	**ggf. Liedblätter kopieren**

So geht's:

Auf die Melodie des Liedes „Jetzt fahrn wir übern See" wird das folgende Lied gesungen. In jeder Strophe werden die Bewegungen dem Text entsprechend durchgeführt.

In Gruppen mit geübteren Teilnehmern, können im Anschluss noch eigene Ideen für weitere Strophen gesammelt und umgesetzt werden.

Kopiervorlage

Jetzt heben wir unsere Beine

1. Jetzt fahrn wir übern See, übern See, jetzt fahrn wir übern –

Jetzt fahrn wir übern See, übern See, jetzt fahrn wir übern See
und heben unsre Beine, Beine, Beine, Beine,
und heben unsre Beine, müde sind sie –

und heben unsre Beine, Beine, Beine, Beine,
und heben unsre Beine, müde sind sie nicht.

2. Jetzt fahrn wir übern See, übern See, jetzt fahrn wir übern –

Jetzt fahrn wir übern See, übern See, jetzt fahrn wir übern See
und heben unsre Arme, Arme, Arme, Arme,
und heben unsre Arme, müde sind sie –

und heben unsre Arme, Arme, Arme, Arme,
und heben unsre Arme, müde sind sie nicht.

3. Jetzt fahrn wir übern See, übern See, jetzt fahrn wir übern –

Jetzt fahrn wir übern See, übern See, jetzt fahrn wir übern See
und klatschen in die Hände, Hände, Hände, Hände,
und klatschen in die Hände, müde sind sie –

und klatschen in die Hände, Hände, Hände, Hände,
und klatschen in die Hände, müde sind sie nicht.

4. Jetzt fahrn wir übern See, übern See, jetzt fahrn wir übern –

Jetzt fahrn wir übern See, übern See, jetzt fahrn wir übern See
und schnipsen mit den Fingern, Fingern, Fingern, Fingern,
und schnipsen mit den Fingern, müde sind sie –

und schnipsen mit den Fingern, Fingern, Fingern, Fingern,
und schnipsen mit den Fingern, müde sind sie nicht.

Arbeitsblatt:
Außenseiter finden

Das wird trainiert:	**Konzentration, Wissen**
Das wird benötigt:	**Kopien des Arbeitsblatts, ein Stift für jeden Teilnehmer**
Das ist vorzubereiten:	**Arbeitsblatt in ausreichender Anzahl kopieren**

So geht's:

Die Übungsleitung verteilt die Arbeitsblätter und die Stifte und bittet die Teilnehmer, die Aufgabe zu lösen und den Außenseiter zu markieren. Die Lösungen werden anschließend gemeinsam besprochen.

In Gruppen mit ungeübten Teilnehmern werden die Lösungen gemeinsam in der Gruppe gesucht. Die Übungsleitung kann zusätzlich Fragen stellen, die den Teilnehmern das Herausfinden der Lösungen erleichtern.

Beispiele für Fragen:

1: Was ist auf dem Bild zu sehen?

2: Woraus bestehen die Planschbecken?

3: Was befindet sich auf der Luftmatratze?

Lösungen (andere Varianten sind möglich):

1: Es gibt nur ein Bild ohne Hände.

2: Es gibt nur ein Planschbecken, das nicht aufblasbar ist (oder: ... in dem zwei Kinder sitzen).

3: Es gibt nur eine Luftmatratze, auf der niemand liegt.

Kopiervorlage

Welches Bild passt nicht in die Reihe?

Zusammengesetzt:
Rund um das kühle Nass

Das wird trainiert: Wissen, Konzentration, Worte finden
Das wird benötigt: Kopien der Wortkarten
Das ist vorzubereiten: Wortkarten kopieren und ausschneiden. für den mehrfachen Gebrauch evtl. laminieren.

So geht's:

Die Wortkarten mischen und auf dem Tisch verteilen. Die Teilnehmer versuchen, jeweils zwei Wörter zu einem zusammengesetzten Wort zu kombinieren, z. B.: Fluss + Bett = Flussbett.

Einige Wortkarten kommen doppelt vor. Es gibt verschiedene Kombinationsmöglichkeiten. An dieser Stelle darf gerne diskutiert werden.

Kopiervorlage

Fluss	Bett
Teich	Folie
Wasser	Hahn
See	Rose
Becken	Knochen
Salz	Wasser
Bagger	See
Frosch	Teich
Schwimm	Flügel

Geschichte:

Wasser ist zum Waschen da

Das wird trainiert: *Entspannung*

So geht's:

Die Übungsleitung liest die Geschichte langsam vor.

Wasser ist zum Waschen da

Charlotta und Wilhelm sitzen beim Mittagessen. „Magst du auch ein Glas Wasser trinken?“, fragt Charlotta.

Wilhelm verzieht das Gesicht. „Wasser ist zum Waschen da. Ich versteh nicht, wie du so viel von der geschmacklosen Plörre trinken kannst!“

Charlotta runzelt die Stirn, dann steht sie auf, geht zum Küchenschrank, holt eine Flasche von dem Johannisbeersirup heraus, den sie eingekocht hat, gießt einen Schluck davon in Wilhelms Glas und füllt das Glas dann mit Wasser auf.

„Ist das eher nach deinem Geschmack?“, fragt sie und Wilhelm nickt. „Weißt du“, sagt Charlotta, „so viel Zucker ist eigentlich gar nicht gut. Der macht nicht nur die Zähne kaputt. Eigentlich soll man hauptsächlich Wasser und ungesüßten Tee trinken.“

Wilhelm will von Charlottas Gerede offensichtlich nichts hören. Er murmelt irgendetwas, leert sein Glas, steht auf und geht raus in den Garten. Es ist ein warmer Sommertag, und die Sonne steht hoch am Himmel. Wilhelm widmet sich der Pflege der Blumen, schneidet Rosen zurück und mäht den Rasen. Die Gartenarbeit strengt ihn an, und der Schweiß läuft ihm an den Wangen herunter.

Nach ein paar Stunden kommt er zurück ins Haus und möchte sich etwas zu trinken eingießen. Er greift nach der Limonade im Kühlschrank, doch die Flasche ist nicht mehr da. Er kramt im Küchenschrank, um den Sirup zu finden und findet nichts. „Charlotta!“, ruft Wilhelm, aber Charlotta antwortet nicht.

Mürrisch beschließt Wilhelm, ein Glas Wasser zu trinken. Er leert das Glas und merkt, wie gut es ihm tut und wie wundervoll es den Durst verschwinden lässt. Er füllt das Glas gleich noch einmal auf.

„Ach, ich dachte, Wasser ist zum Waschen da“, freut sich Charlotta, die gerade aus dem Keller kommt.

Wilhelm fühlt sich ertappt. „Na, ja“, gibt er zu, „ab und zu kann man es auch trinken. Zumindest, wenn man arbeitet und es draußen so warm ist ...!“

Gemeinsam singen: „Loreley“

Das wird trainiert:	*musikalisches Gedächtnis, Entspannung, Wissen*
Das wird benötigt:	*auf Wunsch Liedzettel*
Das ist vorzubereiten:	*ggf. Liedtext in ausreichender Anzahl kopieren*

So geht's:

Singen Sie gemeinsam das Lied „Loreley“.

Kopiervorlage

Loreley

1. Ich weiß nicht, was soll es bedeuten,
dass ich so traurig bin,
ein Märchen aus alten Zeiten,
das kommt mir nicht aus dem Sinn.
Die Luft ist kühl und es dunkelt,
und ruhig fließt der Rhein,
der Gipfel des Berges funkelt
im Abendsonnenschein.

2. Die schönste Jungfrau sitzet
dort oben wunderbar,
ihr goldnes Geschmeide blitzet,
sie kämmt ihr goldnes Haar.
Sie kämmt es mit goldenem Kamme
und singt ein Lied dabei,
das hat eine wundersame,
gewaltige Melodei.

3. Den Schiffer im kleinen Schiffe
ergreift es mit wildem Weh,
er schaut nicht die Felsenriffe,
er schaut nur hinauf in die Höh.
Ich glaube, die Wellen verschlingen
am Ende Schiffer und Kahn,
und das hat mit ihrem Singen
die Loreley getan.

Sammlung:
Schiffe und Boote

Das wird trainiert: Assoziieren, Worte finden, Wissen
Das wird benötigt: Flipchart, Tafel oder Zettel; Stift oder Kreide

So geht's:

Die Übungsleitung sammelt gemeinsam mit den Senioren verschiedene Arten und Bezeichnungen von Booten und Schiffen. Die Übungsleitung schreibt die Wörter auf Flipchart, Tafel oder Zettel.

Lösungsvorschläge:

Kahn, Fähre, Kajak, Segelschiff, Ruderboot, Schlauchboot, Hausboot, Katamaran, Kutter, Motorboot, Yacht, Galeere, Raddampfer

Arbeitsblatt:
Seemannssprache

Das wird trainiert:	**Konzentration, Wissen**
Das wird benötigt:	**Kopien des Arbeitsblatts, ein Stift für jeden Teilnehmer**
Das ist vorzubereiten:	**Arbeitsblatt in ausreichender Anzahl kopieren**

So geht's:

Die Übungsleitung verteilt die Arbeitsblätter und die Stifte und bittet die Teilnehmer, die Aufgabe zu lösen. Die Lösungen werden anschließend gemeinsam besprochen.

In Gruppen mit ungeübten Teilnehmern werden die Lösungen gemeinsam in der Gruppe gesucht.

Lösungen von oben nach unten:

Backbord:	linke Seite eines Schiffs in Fahrtrichtung
Heck:	der hintere Teil eines Schiffs
Takelage:	alle Masten, Spieren und Taue, an denen Segel befestigt sind
Luv:	dem Wind zugewandte Seite
Koje:	Bett an Bord
Steuerbord:	rechte Seite eines Schiffs in Fahrtrichtung

Kopiervorlage

Was heißt das? – Verbinden sie alle Wörter aus der Seemannssprache mit der richtigen Bedeutung. Ziehen Sie jeweils eine Linie.

Backbord	alle Masten, Spieren und Taue, an denen Segel befestigt sind
Heck	Bett an Bord
Takelage	der hintere Teil eines Schiffs
Luv	rechte Seite eines Schiffs in Fahrtrichtung
Koje	dem Wind zugewandte Seite
Steuerbord	linke Seite eines Schiffs in Fahrtrichtung

Sprichwörter:

Alles verdreht

Das wird trainiert: **Konzentration, Wissen, Worte finden**

So geht's:

Die Übungsleitung liest die verfremdeten Sprichwörter vor. Die Teilnehmer nennen das richtige Sprichwort.

1. Der Anker fällt nicht weit vom Kutter. →
   Der Apfel fällt nicht weit vom Stamm.

2. Es gibt keinen schlechten Seegang, es gibt nur schlechte Kapitäne. →
   Es gibt kein schlechtes Wetter, es gibt nur falsche Kleidung.

3. Was Matrose nicht lernt, lernt Kapitän nimmermehr. →
   Was Hänschen nicht lernt, lernt Hans nimmermehr.

4. Aller guten Segel sind drei. →
   Aller guten Dinge sind drei.

5. Da wird der Kahn im Weiher verrückt. →
   Da wird der Hund in der Pfanne verrückt.

6. Boote, die wanken, sinken nicht. →
   Hunde, die bellen, beißen nicht.

7. Einem geschenkten Schiff schaut man nicht unter die Planken. →
   Einem geschenkten Gaul guckt man nicht ins Maul.

8. Man soll die Seefahrt nicht vor dem Anlegen loben. →
   Man soll den Tag nicht vor dem Abend loben.

9. Alte Kähne rosten nicht. →
   Alte Liebe rostet nicht.

10. Wo ein Meer ist, ist auch ein Hafen. →
    Wo ein Wille ist, ist auch ein Weg.

11. Viele Kapitäne verderben die Seefahrt. →
    Viele Köche verderben den Brei.

12. Alle Wege führen zum Hafen. →
    Alle Wege führen nach Rom.

Bewegung:

Eine romantische Seefahrt. Eine Bewegungsgeschichte

Das wird trainiert: **Bewegung, Konzentration**

So geht's:

Die Übungsleitung liest den Text langsam vor. Immer, wenn in der Bewegungsgeschichte das Wort „Seefahrt“ vorkommt, imitieren die Teilnehmenden mit beiden Armen Wellenbewegungen.

In Gruppen mit geübten Teilnehmern kann zusätzlich vereinbart werden, dass bei dem Namen „Johannes“ die männlichen Teilnehmer einmal klatschen oder aufstehen und bei dem Namen „Erna“ die weiblichen Teilnehmenden einmal klatschen oder aufstehen.

Eine romantische Seefahrt

Johannes hat Erna zu einer **Seefahrt** eingeladen. Es soll eine romantische **Seefahrt** werden. Selbstverständlich hat Johannes sich in Schale geworfen. Er trägt einen neuen Anzug und hat einen großen Strauß rote Rosen gekauft.

„Darf ich die Dame zu einer romantischen **Seefahrt** bitten?", fragt er Erna, als er sie abholt.

Erna lacht: „Eine romantische **Seefahrt**? Ich dachte, eine **Seefahrt,** die ist lustig!"

„Vielleicht schließen sich romantisch und lustig bei einer **Seefahrt** ja nicht gänzlich aus", entgegnet Johannes, zwinkert und führt Erna am Arm zum nahe gelegenen Hafen.

Dort steht ein kleines Segelboot für die gemeinsame **Seefahrt** bereit. An Bord hat Johannes Kerzen in hohen Gläsern aufgestellt, die er vor dem Ablegen anzündet. An den Masten hat er eine Lichterkette angebracht, und der Vollmond strahlt vom Himmel.

„Du hast wirklich an alles gedacht, was man für eine romantische **Seefahrt** braucht", sagt Erna strahlend, und ihre Augen leuchten mit dem Vollmond um die Wette.

„Eine Sache fehlt noch", gibt Johannes zu bedenken und drückt Erna ein Sektglas in die Hand. Dann holt er eisgekühlten Champagner aus der Kajüte und gießt ihnen beiden einen Schluck ein. „Auf eine romantische **Seefahrt**", sagt Johannes und hebt sein Glas zum Anstoßen. „Auf eine romantische **Seefahrt**", antwortet Erna und hebt ihr Glas ebenfalls.

Schließlich zaubert Johannes noch ein Baguette und ein paar Käsehappen herbei, und die beiden schwelgen in der Schönheit der Nacht.

Als Johannes Erna nach Hause bringt, bekommt er zum Abschied einen Kuss, und seine Angebetete verabschiedet sich mit den Worten: „Danke, für die romantischste **Seefahrt** meines Lebens!"

Arbeitsblatt:
Wortschlange

Das wird trainiert: *Konzentration, Wissen*

Das wird benötigt: *Kopien von Arbeitsblatt A oder B, ein Stift für jeden Teilnehmer*

Das ist vorzubereiten: *Arbeitsblatt A oder B in ausreichender Anzahl kopieren*

So geht's:

Für geübtere Teilnehmer eignet sich Arbeitsblatt A. Die Übungsleitung verteilt die Arbeitsblätter und die Stifte und bittet die Teilnehmer, die Aufgabe zu lösen. Die Lösungen werden anschließend gemeinsam besprochen.

Für Gruppen mit ungeübten Teilnehmern nutzen Sie die leichte Version B des Arbeitblatts (siehe Seite 70). Die Lösungen werden gemeinsam in der Gruppe gesucht.

Lösung A:

8x

Lösung B:

3x

Kopiervorlage

A. Manchmal ist Butter im Kutter!

Finden Sie das Wort „Butter“ und markieren Sie es.

Wie oft kommt es vor?

KUTTERKUTTERKUTTERKUTTERKUTTERKUT
TERKUTTERKUTTERKUTTERKUTTERKUTTER
KUTTERKUTTERKUTTERKUTTERKUTTERKUT
TERKUTTERKUTTERKUTTERBUTTERKUTTER
KUTTERKUTTERKUTTERKUTTERKUTTERKUT
TERKUTTERKUTTERKUTTERKUTTERKUTTER
KUTTERKUTTERKUTTERBUTTERKUTTERKUT
TERKUTTERKUTTERKUTTERKUTTERKUTTER
KUTTERKUTTERKUTTERKUTTERKUTTERKUT
TERKUTTERKUTTERKUTTERBUTTERKUTTER
KUTTERKUTTERKUTTERKUTTERKUTTERBUT
TERKUTTERKUTTERKUTTERKUTTERKUTTER
KUTTERKUTTERKUTTERKUTTERBUTTERKUT
TERKUTTERKUTTERKUTTERKUTTERKUTTER
KUTTERKUTTERKUTTERKUTTERKUTTERKUT
TERKUTTERKUTTERKUTTERKUTTERKUTTER
KUTTERBUTTERKUTTERKUTTERKUTTERKUT
TERKUTTERKUTTERKUTTERKUTTERKUTTER
KUTTERBUTTERBUTTERKUTTERKUTTERKUTTER

Kopiervorlage

B. Manchmal ist BUTTER im KUTTER!

Finden Sie das Wort „BUTTER“ und markieren Sie es.

Wie oft kommt es vor?

KUTTERBUTTERKUTTERKUT
TERBUTTERKUTTERKUTTER
KUTTERKUTTERKUTTERBUT
TERKUTTERKUT

Notizen

Überschriften finden:
Pfützenkreuzfahrt

Das wird trainiert:	**Fantasie, Assoziieren, in Worte fassen**
Das wird benötigt:	**Bildkarten, evtl. Flipchart, Tafel oder Zettel**
Das ist vorzubereiten:	**Bildkarten kopieren und ausschneiden, für den mehrfachen Gebrauch evtl. laminieren**

So geht's:

Die Übungsleitung schreibt die untenstehenden Überschriften auf Flipchart, Tafel oder Zettel. Die Bildkarten werden offen auf dem Tisch verteilt. Anschließend ziehen die Teilnehmer reihum ein Bild und entscheiden gemeinsam, welche Überschrift am besten zu dem Bild passt.

Überschriften:

Stapelware geht auf hohe See

Pfützenkreuzfahrt

Vater, Sohn und Fisch

Die Regatta läuft

Anker geworfen

Allein in Eis und Schnee

Variante für geübte Teilnehmer:

Die Übungsleitung schreibt die Überschriften nicht auf. Die Teilnehmer ziehen jeweils eine Bildkarte und denken sich selbstständig eine passende Überschrift aus.

Kopiervorlage

Geschichte:

Ludwigs Stolz

Das wird trainiert: ***Entspannung***

So geht's:

Die Übungsleitung liest die Geschichte langsam vor.

Ludwigs Stolz

Ludwig betrachtete sein Werk voller Stolz. „Lass das lieber", hatten sie gesagt. „Das ist nur etwas für begabte Handwerker", hatten sie gesagt. „Weißt du wie teuer so etwas ist?" – „Dafür fehlt dir der Ehrgeiz", und: „Überlass das lieber den Experten!", hatte er zu hören bekommen. Aber Ludwig hatte nicht auf die Zweifler und Nörgler gehört. Er hatte sich nicht irritieren lassen. Er hatte sich von niemandem hereinreden lassen.

Ganz allein hatte er sich durch zahllose Bauanleitungen gearbeitet und dicke Bücher gewälzt. Er hatte das Material beschafft, hatte das Holz ausgesucht. Er hatte Fehler gemacht und wieder korrigiert. Er war manches Mal kurz davor gewesen, aufzugeben. Aber nur kurz davor.

Er hatte nicht aufgegeben. Er hatte weitergemacht.

Er hatte Stoff gekauft und Seile. Über ein Jahr hatte das Projekt gedauert. Über ein Jahr konnte das Auto nicht in die Garage, weil Ludwig dort baute. Über ein Jahr hatte er jede freie Minute genutzt, um sein Werk zu vollenden.

Jetzt stand es vor ihm. Nicht mehr in der Garage. Nicht mehr zwischen Werkzeug und Sägespänen. Nun stand es frisch lackiert und strahlend schön am See und würde bald die Jungfernfahrt starten. Er hatte überlegt, seine Freunde zu diesem feierlichen Anlass einzuladen. Aber dann hatte er sich dagegen entschieden. Dies war sein Moment. Dies war sein Werk. Dies war sein Schiff. Dies war sein Stolz.

Er öffnete eine Flasche Sekt und schenkte zwei Gläser ein. Ein Glas nahm er und schüttete es über das Heck des Schiffes. „Ich taufe dich auf den Namen ‚Ludwigs Stolz'! Prost!"

Dann führte er das andere Glas zum Mund und trank es mit einem Schluck aus. Die Jungfernfahrt genoss er ganz für sich allein, und das Lächeln auf seinen Lippen blieb ihm lange erhalten. Der Stolz in seinem Herzen auch.

Gemeinsam singen:

„Am Brunnen vor dem Tore“

Das wird trainiert wird: *musikalisches Gedächtnis, Entspannung, Wissen*
Das wird benötigt: *auf Wunsch Liedzettel*
Das ist vorzubereiten: *ggf. Liedtext in ausreichender Anzahl kopieren*

So geht's:

Singen Sie gemeinsam das Lied „Am Brunnen vor dem Tore“.

Kopiervorlage

Am Brunnen vor dem Tore

1. Am Brunnen vor dem Tore, da steht ein Lindenbaum,
ich träumt in seinem Schatten so manchen süßen Traum.
Ich schnitt in seine Rinde so manches liebe Wort.
Es zog in Freud und Leide zu ihm mich immerfort.

2. Ich musst auch heute wandern vorbei in tiefer Nacht,
da hab ich noch im Dunkeln die Augen zugemacht.
Und seine Zweige rauschten, als riefen sie mir zu:
Komm her zu mir, Geselle, hier findst du deine Ruh!

3. Die kalten Winde bliesen mir grad ins Angesicht,
der Hut flog mir vom Kopfe, ich wendete mich nicht.
Nun bin ich manche Stunde entfernt von jenem Ort,
und immer hör ich's rauschen, du fändest Ruhe dort!

Sammlung:
Eissorten

Das wird trainiert: **Assoziieren, Worte finden, Wissen**
Das wird benötigt: **Flipchart, Tafel oder Zettel; Stift oder Kreide**

So geht's:

Die Übungsleitung sammelt gemeinsam mit den Senioren Eissorten mit den Anfangsbuchstaben des Alphabets. Tipp: Es dürfen gern neue Eissorten erfunden werden.

Lösungsvorschläge:

Amarena-Kirsch-Eis
Blaubeer-Eis
Cappuccino-Eis
Dattel-Eis
Erdbeer-Eis
Frucht-Eis
Granatapfel-Eis
Haselnuss-Eis
Ingwer-Eis
Joghurt-Eis
Kirsch-Eis
Limetten-Eis
Milch-Eis
Nougat-Eis
Orangen-Eis
Pistazien-Eis
Quark-Eis
Rhabarber-Eis
Schokoladen-Eis
Tutti-Frutti-Eis
Urlaubs-Genießer-Eis
Vanille-Eis
Walnuss-Eis
XXL-Eis
Yoguretten-Eis
Zitronen-Eis

Arbeitsblatt:

Verschluckte Vokale

Das wird trainiert: Konzentration, Wissen
Das wird benötigt: Kopien des Arbeitsblatts, ein Stift für jeden Teilnehmer
Das ist vorzubereiten: Arbeitsblatt in ausreichender Anzahl kopieren

So geht's:

Die Übungsleitung verteilt die Arbeitsblätter und die Stifte und bittet die Teilnehmer, die Aufgabe zu lösen. Die Lösungen werden anschließend vorgelesen und gemeinsam besprochen.

In Gruppen mit ungeübten Teilnehmern werden die Lösungen gemeinsam in der Gruppe gesucht. Die Teilnehmenden können die Lösungen aufschreiben, wenn sie möchten.

Lösungen:

_ _ S → Eis
SCH_TT_N → Schatten
R_G_N → Regen
W_SS_R → Wasser
W_ND → Wind
S_NN_NSCH_RM → Sonnenschirm
V_NT_ L_T_R → Ventilator
SCHW_MMB_D → Schwimmbad

Kopiervorlage

Was fehlt hier?

Fügen Sie die fehlenden Buchstaben ein.

_ _ S

S C H _ T T _ N

R _ G _ N

W _ S S _ R

W _ N D

S _ N N _ N S C H _ R M

V _ N T _ L _ T _ R

S C H W _ M M B _ D

Stichworträtsel:

Hinein ins kühle Nass!

Das wird trainiert: Assoziieren, Worte finden, Wissen
Das ist vorzubereiten: Arbeitsblatt in ausreichender Anzahl kopieren

So geht's:

Bei dieser Übung müssen die Teilnehmer versuchen, ein passendes Bezugswort zu den vorgegebenen Stichwörtern zu finden. Die Übungsleitung liest die Stichwörter vor, und die Teilnehmer nennen ein Bezugswort.

Raum, Vorhang, Tür, umziehen →
Umkleidekabine

Leiter, rutschen, schnell, runter →
Wasserrutsche

Kinder, Arme, Sicherheit, aufpusten →
Schwimmflügel

Gummi, anziehen, Schutz, Füße →
Badeschuhe

Beruf, Sicherheit, retten, Aufsicht →
Bademeister

Stoff, anziehen, Beinkleid, Männer →
Badehose

Stoff, anziehen, Einteiler, Frauen →
Badeanzug

Wasser, gefüllt, reinspringen, Bahnen →
Schwimmbecken

Sicherheit, rund, aufgepustet, Streifen →
Rettungsring

Leiter, hoch, Mut, springen →
Sprungbrett

Bewegung:

Den Ablauf nachahmen

Das wird trainiert: ***Bewegung, Konzentration***

So geht's:

Schwimmen gehen – das ist an einem heißen Tag genau das Richtige. Die Teilnehmer nennen die Schritte, die nötig sind, um einen Ausflug ins Schwimmbad vorzubereiten, durchzuführen und wieder nach Hause zu fahren. Am Anfang wird die Tasche gepackt. Die Teilnehmenden nennen jeweils eine Tätigkeit, die ausgeführt werden muss, und alle ahmen die Tätigkeit nach.

Lösungsbeispiel:

Badekleidung, Badeschuhe, Handtuch in die Tasche packen *(die Liste darf gerne erweitert werden)*

Tasche umhängen und zum Schwimmbad laufen

ein Ticket kaufen

in die Umkleidekabine gehen

Badesachen anziehen

in die Dusche gehen und abduschen

ins Becken springen

eine Bahn brustschwimmen

eine Bahn im Kraulstil schwimmen

aus dem Becken heraussteigen

abtrocknen (alle Körperteile durchgehen)

wieder anziehen

Haare föhnen

Tasche packen

das Schwimmbad verlassen

Arbeitsblatt:

Wortgitter

Das wird trainiert:	**Konzentration, Wissen**
Das wird benötigt:	**Kopien von Arbeitsblatt A oder B, ein Stift für jeden Teilnehmer**
Das ist vorzubereiten:	**Arbeitsblatt A oder B in ausreichender Anzahl kopieren**

So geht's:

Für geübte Teilnehmer wählen Sie Version A des Arbeitsblattes (siehe Seite ##). Die Übungsleitung verteilt die Arbeitsblätter und die Stifte und bittet die Teilnehmer, die Aufgabe zu lösen und die gefundenen Wörter zu markieren. Die Lösungen werden anschließend gemeinsam besprochen.

Für Gruppen mit ungeübten Teilnehmern wählen Sie die leichte Version B des Arbeitsblatts (siehe Seite ##). Die Lösungen werden gemeinsam in der Gruppe besprochen, und die Teilnehmer markieren auf Wunsch die gefundenen Wörter.

Kopiervorlage

A. Finden Sie die folgenden Wörter in dem Wortgitter:

kalt • wohltuend • angenehm • frisch • schattig • kühl

W	F	G	H	J	K	L	L	M	E
O	Q	W	E	R	A	T	Z	U	I
H	O	P	Ü	A	L	S	D	F	G
L	Ö	Y	X	C	T	V	B	N	H
T	N	M	Q	E	R	T	Z	U	I
U	H	K	Ü	H	L	J	K	F	L
E	C	V	B	N	M	Q	W	R	E
N	R	T	Z	U	I	O	P	I	Ü
D	A	S	D	F	G	H	J	S	K
A	N	G	E	N	E	H	M	C	L
E	R	T	Z	U	I	O	P	H	C
Ü	H	L	S	D	F	G	H	J	V
N	B	Y	L	S	A	T	R	K	B
M	S	C	H	A	T	T	I	G	N
S	V	C	K	D	Ü	Z	E	L	M
C	C	V	J	F	P	U	W	M	Q
H	X	B	H	G	O	I	Q	N	W

Kopiervorlage

B. Finden Sie die folgenden Wörter in dem Wortgitter:

kalt • frisch • kühl

W	K	F	Z	U	F
A	Ü	P	O	I	R
S	K	A	L	T	I
D	F	G	H	J	S
K	Ü	H	L	K	C
V	B	N	M	L	H

Notizen

Durcheinandergeraten:

Die Geschichte des Speiseeises

Das wird trainiert:	***Urteilen, Wissen, Konzentration***
Das wird benötigt:	***Kopien der Textkarten***
Das ist vorzubereiten:	***Textkarten kopieren und ausschneiden, für den mehrfachen Gebrauch evtl. laminieren***

So geht's:

Die Textkarten werden gemischt und auf dem Tisch verteilt. Die Teilnehmer versuchen, die Geschichte des Speiseeises in die richtige Reihenfolge zu bringen.

Kopiervorlage

Bei den Chinesen gab es schon 3000 Jahre vor Christus eine Art Speiseeis.
Die alten Römer unter Kaiser Nero und die Ureinwohner Amerikas aßen ebenfalls Eis.
Im 17. Jahrhundert erließ der Sonnenkönig eine Steuer auf Speiseeis.
Die ersten Eismaschinen und Kältemaschinen machten die weite Verbreitung einfacher.
Die industrielle Eiscremeproduktion wurde in den USA ein voller Erfolg.
In Deutschland breitete sich das industrielle Speiseeis nach dem 2. Weltkrieg aus.

Geschichte:

Schattenspiele

Das wird trainiert: **Entspannung**

So geht's:

Die Übungsleitung liest die Geschichte langsam vor.

Schattenspiele

Die Wetterfee hatte es schon gestern im Fernsehen verkündet: Heute sollte der heißeste Tag des Jahres werden. Ingeborg wischte sich den Schweiß von der Stirn. Sechsunddreißig Grad zeigte das Thermometer, und es war noch nicht einmal Mittag. Eigentlich war das ein Wetter, bei dem man das Haus gar nicht verlassen wollte. Rollläden runter, Licht aus und Ventilator an: Das wäre, was Ingeborg am liebsten gemacht hätte. Vielleicht noch ein kaltes Fußbad. – Doch aus diesen herrlich kühlen Gedanken würde nichts werden.

Denn heute fand das Sommergrillen ihres Frauentreffs statt. Bei ihr im Garten.

Im Wohnzimmer war es für die zwanzig Frauen, die sie erwartete, definitiv zu eng. Also mussten sie raus in die Hitze. Die Tische und Stühle standen schon bereit. Leider waren die Tische nahezu vollständig in der Sonne. So konnte das nicht bleiben.

Der kleine Sonnenschirm ließ nur einen der vier Tische im Schatten verschwinden. Was konnte man da nur machen? Einen der anderen Tische konnte sie unter den Walnussbaum schieben. Aber was sollte mit den anderen zwei Tischen geschehen? Ingeborg konnte ja nicht den Rest der Frauen in der Hitze braten lassen.

Sie überlegte lange und hatte dann eine Idee. Sie kramte zwei alte Wäscheleinen heraus und spannte sie zwischen den Walnussbaum und den Sonnenschirm. Dann holte sie zwei weiße Bettlaken aus dem Schrank. Die Bettlaken legte sie über die Wäscheleinen und befestigte sie mit Klammern. Schon hatte sie selbst zwei wunderbare Sonnensegel gebaut. Alle Tische standen nun im Schatten.

Sie war so zufrieden mit ihrem Werk, dass ihr weitere Ideen für eine gelingende Abkühlung in den Kopf sprudelten. Sie setzte sich hin und faltete für jede Besucherin einen Fächer aus Papier, den sie, mit Namen beschriftet, als Platzkarte verwendete. Außerdem stellte sie kleine Wäschewannen mit kaltem Wasser unter die Tische, sodass die Frauen ihre Füße abkühlen konnten.

Vor dem Grillen gab es als Appetithäppchen eisgekühlte Wassermelone.

So wurde es trotz Temperaturrekord ein wunderschönes Sommergrillen und ein denkwürdiger Tag mit vielen kühlenden Momenten.

Gemeinsam singen:

„Jetzt kommen die lustigen Tage“

Das wird trainiert:	**musikalisches Gedächtnis, Entspannung, Wissen**
Das wird benötigt:	**auf Wunsch Liedzettel**
Das ist vorzubereiten:	**ggf. Liedtexts in ausreichender Anzahl kopieren**

So geht's:

Singen Sie gemeinsam das Lied „Jetzt kommen die lustigen Tage“.

Kopiervorlage

Jetzt kommen die lustigen Tage

1. Jetzt kommen die lustigen Tage,
Schätzel, ade,
und dass ich es dir auch gleich sage,
es tut mir gar nicht weh.
Und im Sommer,
da blüht der rote, rote Mohn,
und ein lustiges Blut
kommt überall davon.
Schätzel, ade, Schätzel, ade!

2. Im Sommer, da müssen wir wandern,
Schätzel, ade,
und küssest du gleich einen andern,
wenn ich es nur nicht seh.
Und seh ich's im Traum,
so red ich mir halt ein,
ach, es ist ja nicht wahr,
es kann ja gar nicht sein.
Schätzel, ade, Schätzel, ade!

3. Und kehr ich dann einstmals wieder,
Schätzel, ade.
So sing ich die alten Lieder,
vorbei ist all mein Weh.
Und bist du mir gut
wie einstmals im Mai,
so bleib ich bei dir
auf ewige Treu.
Schätzel, ade, Schätzel, ade!

Sammlung:

Reiseziele

Das wird trainiert: Assoziieren, Worte finden, Wissen

Das wird benötigt: Flipchart, Tafel oder Zettel; Stift oder Kreide

So geht's:

Die Übungsleitung sammelt gemeinsam mit den Senioren Reiseziele mit den Anfangsbuchstaben des Alphabets.

Lösungsvorschläge:

Argentinien
Berlin
China
Dänemark
England
Florida
Griechenland
Holland
Italien
Jugoslawien
Kanada
Lappland
München
Nordsee
Oldenburg
Polen
Quedlinburg
Russland
Spanien
Türkei
Ungarn
Vatikanstadt
Warschau
Xanten
Yokohama
Zypern

Arbeitsblatt:
Reisewörter

Das wird trainiert:	***Konzentration, Wissen***
Das wird benötigt:	***Kopien des Arbeitsblatts, ein Stift für jeden Teilnehmer***
Das ist vorzubereiten:	***Arbeitsblatt in ausreichender Anzahl kopieren***

So geht's:

Die Übungsleitung verteilt die Arbeitsblätter und die Stifte und bittet die Teilnehmer, die Aufgabe zu lösen. Die Lösungen werden anschließend vorgelesen und gemeinsam besprochen.

In Gruppen mit ungeübten Teilnehmern werden die Lösungen gemeinsam in der Gruppe gesucht. Wer möchte, kann sie anschließend aufschreiben.

Lösungen von oben nach unten:

Reisetasche, Reisebüro, Reisefieber, Reiseziel, Reisebus, Reisebett

Kopiervorlage

Hier sind Wörter gesucht, die mit „Reise-“ beginnen. Schreiben Sie sie in die freien Felder.

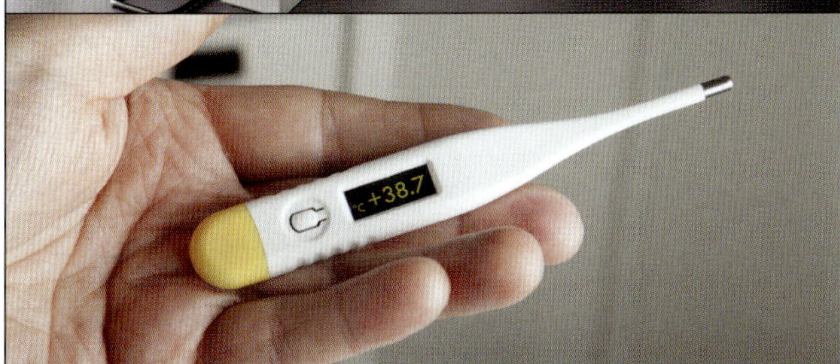	

Gegen-SÄTZE bilden

Das wird trainiert: **Worte finden, Wissen**

So geht's:

Hier ist das Gegenteil gefragt. Die Übungsleitung liest die folgenden Sätze und die dazugehörigen Fragen nacheinander vor. Die Teilnehmer nennen jeweils die Lösung in einem ganzen Satz.

1. Das Meer ist tief. Wie ist der Berg? →
   Der Berg ist hoch.

2. Thailand ist heiß. Wie ist Alaska? →
   Alaska ist kalt.

3. Das Flugzeug ist modern. Wie ist der Heißluftballon? →
   Der Heißluftballon ist altmodisch.

4. Die Reisetasche ist voll. Wie ist der Rucksack? →
   Der Rucksack ist leer.

5. Die Kiesel am Strand sind grob. Wie ist der Sand? →
   Der Sand ist fein.

6. Die Reisetablette ist rund. Wie ist der Reisepass? →
   Der Reisepass ist eckig.

8. Der Rikscha ist unbequem. Wie ist der Reisebus? →
   Der Reisebus ist bequem.

9. Die Fähre ist langsam. Wie ist der Katamaran? →
   Der Katamaran ist schnell.

10. Luxemburg ist klein. Wie ist Russland? →
    Russland ist groß.

In Gruppen mit ungeübten Teilnehmern kann die Übungsleitung das genannte Adjektiv noch einmal einzeln aufgreifen und nach einem geeigneten Gegenteil fragen, etwa: „Der Berg ist nicht tief, sondern: ...?“

Benötigen die Teilnehmer weitere Hilfestellung, gibt die Übungsleitung zwei alternative Lösungen vor. Beispiel: „Ist das Gegenteil von tief *dick* oder *hoch*?“

Bewegung:

Bewegtes Buchstabieren

Das wird trainiert:	**Bewegung, Konzentration**
Das wird benötigt:	**Flipchart, Zettel oder Tafel; Stift oder Kreide**

So geht's:

Die Gruppe beschließt gemeinsam jeweils eine Bewegung für jeden Buchstaben des Wortes „Urlaub". Die Übungsleitung notiert dies gut sichtbar auf Flipchart, Tafel oder Zettel.

Beispiele:

U – mit beiden Fingern schnipsen
R – in die Hände klatschen
L – mit beiden Füßen stampfen
A – die Hände über dem Kopf zusammenklatschen
U – auf die Oberschenkel patschen
B – die Arme umeinanderkreisen lassen (fiktives Wollewickeln)

Im Anschluss buchstabiert die Gruppe das Wort mehrfach langsam im Chor und führt dazu die passenden Bewegungen durch.

Arbeitsblatt:
Buchstabensalat

Das wird trainiert:	**Konzentration, Wissen**
Das wird benötigt:	**Kopien des Arbeitsblatts, ein Stift für jeden Teilnehmer**
Das ist vorzubereiten:	**Arbeitsblatt in ausreichender Anzahl kopieren**

So geht's:

Die Übungsleitung verteilt die Arbeitsblätter und die Stifte und bittet die Teilnehmer, die Aufgabe zu lösen. Die Lösungen werden anschließend vorgelesen und gemeinsam besprochen.

In Gruppen mit ungeübten Teilnehmern werden die Lösungen gemeinsam in der Gruppe gesucht. Die Teilnehmenden können die Lösungen aufschreiben, wenn sie möchten.

Lösungen:

London

Amsterdam

Prag

Wien

Warschau

Paris

Kopiervorlage

Auf diesem Arbeitsblatt wurden die Buchstaben durcheinandergewürfelt. Bringen Sie die Buchstaben in eine sinnvolle Reihenfolge! Wie heißen die Reiseziele?

O N N D L O – ____________________

E R A S M T D M A – ____________________

A P G R – ____________________

I N E W – ____________________

U C W R S H A A – ____________________

I P S R A – ____________________

Informationen merken:

Ein Fotograf auf Reisen

Das wird trainiert:	**Merkfähigkeit, Konzentration**
Das wird benötigt:	**für ungeübte Teilnehmer Kopien des Infotextes**
Das ist vorzubereiten:	**ggf. Infotext in ausreichender Anzahl kopieren**

So geht's:

Die Übungsleitung liest den Teilnehmenden den folgenden Text vor und stellt im Anschluss die untenstehenden Fragen.

Für Gruppen mit ungeübten Teilnehmern verteilt die Übungsleitung die Kopien des Informationstextes und liest diesen laut vor. Anschließend stellt die Übungsleitung die unten aufgeführten Fragen. Die Teilnehmer können die Antwort aus dem Text heraussuchen.

Informationstext

Pit Wolter ist Reisefotograf aus Leidenschaft. Seit 1977 übt er seinen Beruf aus und hat schon 20 Preise gewonnen.

Im Jahr 2020 wurde er als „Reisefotograf des Jahres" ausgezeichnet. Der Preis war mit 10.000 Euro dotiert. Das Preisgeld nutzt er, um seine Reisen zu finanzieren. Sein nächstes Ziel ist die Antarktis.

Fragen:

Wie heißt Pit mit Nachnamen?

Seit wann übt Pit seinen Beruf aus?

Wie viele Preise hat Pit schon gewonnen?

Als was wurde Pit 2020 ausgezeichnet?

Wie hoch war der Preis dotiert?

Wofür nutzt Pit das Preisgeld?

Wohin geht Pits nächste Reise?

Geschichte:

Urlaub war früher besser

Das wird trainiert: **Entspannung**

So gehts:

Die Übungsleitung liest die Geschichte langsam vor.

Früher war Urlaub besser

Sieglinde und Ingo sitzen mit einem Stapel Reisekataloge auf dem Sofa. Die Planung des diesjährigen Sommerurlaubs steht an. Soll es das 4-Sterne-Hotel auf Korsika werden? Oder doch lieber die gemütliche Ferienwohnung an der Nordsee?

„Hach", seufzt Sieglinde, „früher ... weißt du noch, wie schön die Urlaube waren? Damals, als wir mit den Kindern an die Adria gefahren sind!"

Ingo grübelt. „Ich erinnere mich an die Urlaube", sagt er gedankenverloren.

„Damals war Urlaubmachen doch viel besser. Wir hatten so viel Spaß in Italien. Wir haben Pizza, Spaghetti und Eis gegessen und einfach mal die Seele baumeln lassen", schwärmt Sieglinde.

Ingo runzelt die Stirn. „Ja, ich erinnere mich daran, dass wir Spaghetti, Pizza und Eis probiert haben. Es war sehr lecker. Ich erinnere mich aber auch daran, dass wir so wenig Geld hatten, dass wir das nicht jeden Tag essen konnten. Wir haben damals schon vor dem Urlaub Konservendosen gekauft und sie dann mit nach Italien genommen. Weißt du noch, wie wir damals nach Italien gekommen sind?"

Sieglinde überlegt. „Ach ja", sagt sie, „mit dem Auto. Alle zusammen in unserem alten VW-Käfer. Wir haben viel gesungen und gelacht. Die Kinder hatten so viel Spaß. Heute singen wir nicht mehr auf der Fahrt in den Urlaub."

Ingo schüttelt den Kopf: „Wir können ja gerne singen, aber erinnerst du dich noch, wie Jonas ganze vier Stunden am Stück geschrien hat und sich nicht beruhigen ließ? Erinnerst du dich an die Fahrt, als Melanie im Auto schlecht wurde und sie sich selbst und dich vollgespuckt hat?"

Sieglinde verzieht das Gesicht. „Oh ja, ich erinnere mich. Vielleicht war Urlaub früher doch nicht *so* viel schöner."

„Für damals war es schön", antwortet Ingo, „aber ich glaube, heute ist etwas anderes schöner für uns als ein harter Zeltboden und eine dünne Luftmatratze."

Sieglinde lacht. „Na, dann lass uns mal etwas aussuchen, was heute schön für uns ist!"